Les Puces – L'anglais pour les enfants

Notre cours hybride
qui vient par la poste et en ligne

Un livre bilingue, des feuilles de travail et un projet livré par la poste. Un portail en ligne avec des vidéos et des matériaux pédagogiques à télécharger.

Consultez notre site web sur
www.lespuces.co.uk

Reprinted (version 2) June 2021
First published by Les Puces Ltd in July 2016
ISBN 978-0-9954653-0-5
© July 2016 Les Puces Ltd
www.lespuces.co.uk
Original artwork © July 2016 Maddy May and Les Puces Ltd

Également disponible chez Les Puces

Consultez notre boutique en ligne sur www.lespuces.co.uk

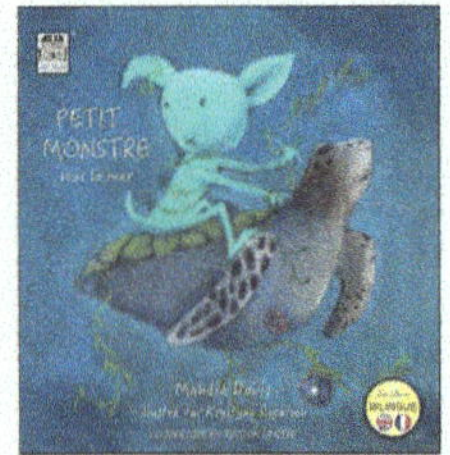

À table

Mandie Davis
illustré par Maddy May

Pour Mark

Suki et Zoë

« Hugo ! C'est bientôt l'heure du repas » dit la maman d'Hugo en l'appelant. « Peux-tu mettre la table s'il te plaît ? » Hugo descend les escaliers en courant pour aider sa mère.

Il faut se souvenir de beaucoup de choses quand on met la table pour le dîner. Hugo place d'abord les nattes et les serviettes sur la table, une par personne. Les couverts doivent être bien placés. Le couteau va à droite et la fourchette à gauche. Hugo espère qu'il y a un dessert ! Il met les cuillères et les fourchettes au-dessus des nattes de table.

Dans la cuisine, il trouve le sel, le
poivre, le ketchup et la moutarde.
Il lui faut aussi des verres pour
l'eau, un verre pour chacun.
Les assiettes sont empilées
sur l'étagère.

La table est jolie. Hugo a faim.
Il s'assoie et attend qu'on lui
apporte son dîner. Miam !
Hugo adore les saucisses, la purée
de pomme de terre et les petits
pois. La famille commence à
manger mais Hugo
doit encore se
souvenir de
beaucoup
de choses.

« Hugo, enlève les coudes de la table s'il te plaît » lui dit son papa, « et assied-toi correctement s'il te plaît » Oups ! Hugo oublie tout quand il apprécie son repas.

« Hugo, essaie de manger tous les
légumes s'il te plaît » dit Maman.
Hugo commence à se sentir
rassasié. « Je ne peux pas !
Je n'ai plus si faim
maintenant » dit-il.
« Ne parle pas
la bouche pleine
s'il te plaît Hugo »

Zut ! Hugo se demande s'il ne mangera jamais comme un adulte, et ses parents se posent la même question !

Après le dîner, ils lavent une partie de la vaisselle et remplissent le lave-vaisselle.

Le lendemain, Hugo et sa famille
vont au restaurant. Super !
Charlotte et sa tante y sont aussi.
Ils se font coucou et décident de
s'assoir ensemble à la même
table.

Menu

Les viandes

Les salades

Les poissons

Les légumes

Les pizzas

Les desserts

Les pâtes

Les boissons

Ils consultent le menu.
Il y a beaucoup de choix.

Le serveur leur demande ce qu'ils voudraient boire. « Un verre de Coca s'il vous plaît » dit Hugo. « De l'eau pétillante » dit Charlotte. Le père d'Hugo demande au serveur « Auriez-vous une grande bouteille d'eau pétillante s'il vous plaît ? »   « Oui, nous en avons » répond le serveur. « Merci. Peut-on aussi avoir trois verres de vin rouge s'il vous plaît ? » ajoute le papa d'Hugo.

Qu'est-ce qu'ils vont
manger ? « Je voudrais
un steak bien cuit, »
dit la tante de Charlotte.
« Le poisson et des frites pour moi,
s'il vous plaît » dit la mère d'Hugo.
« Je voudrais la tourte au poulet
avec des pommes de terre au four
et des carottes, s'il vous plaît » dit
le père d'Hugo. Charlotte choisit
des spaghettis avec de la sauce
tomate et du parmesan râpé.
Ça a l'air très bon.

Hugo choisit une pizza avec
pepperoni, champignons et ananas.
Heureusement qu'elle est
prédécoupée.
Ça simplifie les
choses !

Restaurant

Tout le monde rit, discute, et passe un bon moment. Il y a beaucoup de monde et de bruit dans le restaurant. Les serveurs et serveuses courent de table à table pour s'assurer que tout le monde est content.

Hugo oublie comment se tenir,
mais personne ne semble
le remarquer !

le serveur

le ketchup

la moutarde

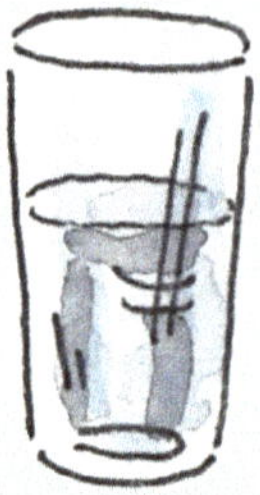

le verre

le sel

le poivre

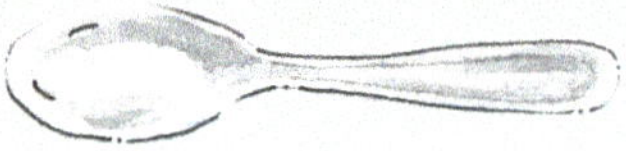

la serveuse

la cuillère

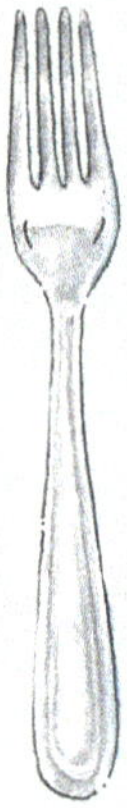

la fourchette

la serviette

le couteau

le menu

la natte de table

le lave-vaisselle

l'assiette (f)

la cuisine

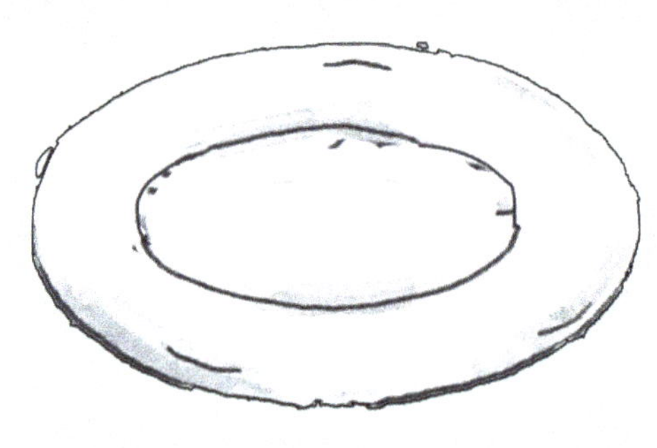

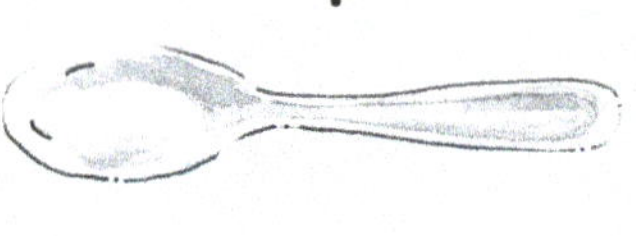
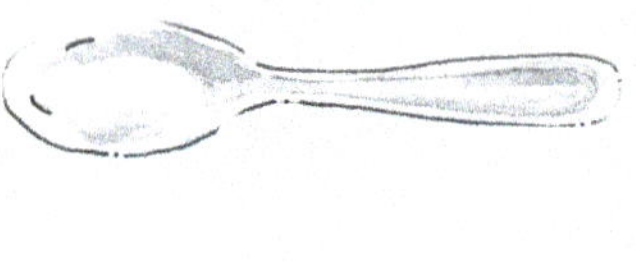

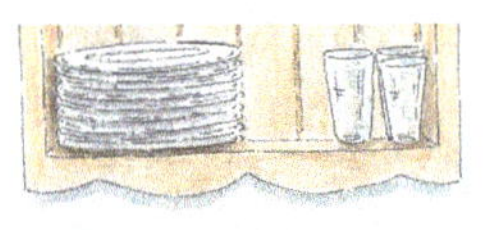
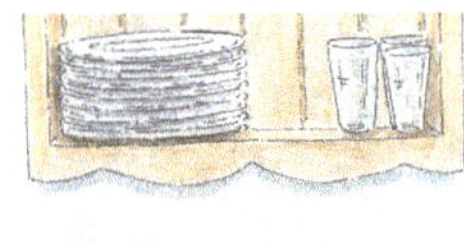

the waitress

the table mat

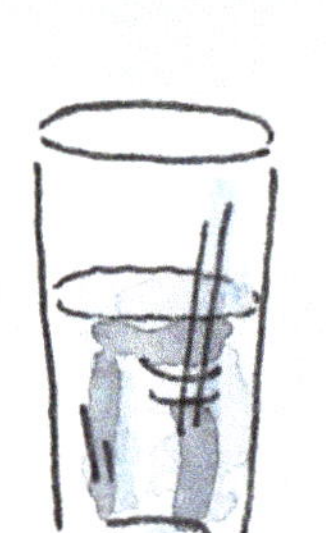

Hugo forgets all of his manners,
but no-one seems
to notice!

Everyone laughs and talks and enjoys themselves. The restaurant is very full and quite noisy. The waiters and waitresses rush between tables making sure everyone is happy.

restaurant

Hugo chooses Pizza with pepperoni, mushrooms and pineapple. Luckily it's already cut into slices. That makes things easier!

What will they eat?
"I would like a steak,
well done" says Charlotte's
aunty. "Fish and chips
for me please" says Hugo's mum.
"I would like the chicken pie with
baked potato and carrots please"
says Hugo's father. Charlotte
chooses spaghetti with tomato
sauce and grated parmesan
cheese. It looks very tasty.

The waiter asks what they would like to drink. "A glass of Coke please" says Hugo. "Fizzy water please" says Charlotte. Hugo's dad asks the waiter "Do you have a large bottle of fizzy water?" "Yes we do" answers the waiter. "Thank you. Can we also have three glasses of red wine please" adds Hugo's daddy.

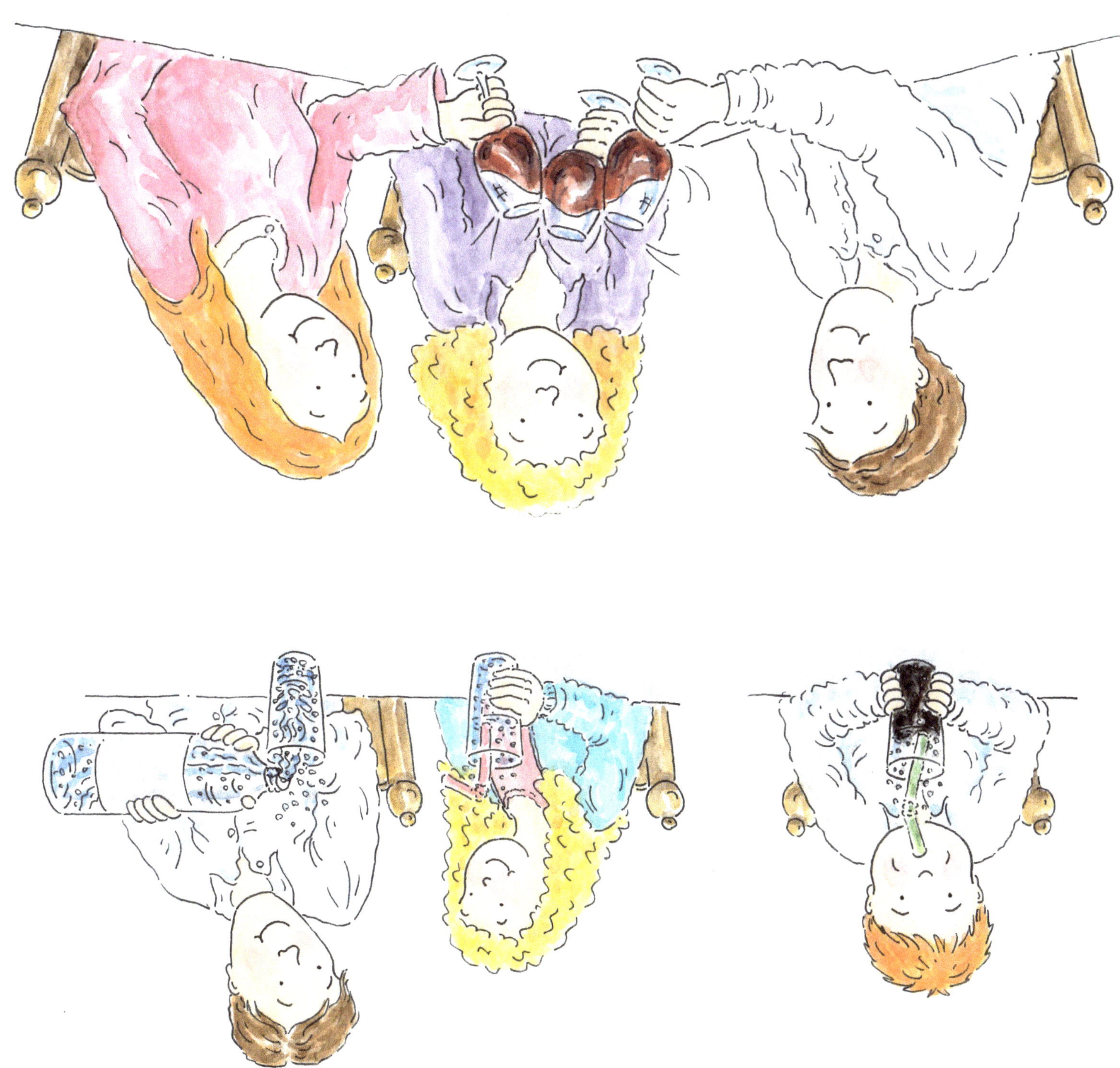

They look at the menu.
There's lots of choice.

Menu

Meat

Salads

Fish

Vegetables

Pizza

Desserts

Pasta

Drinks

The next day Hugo and his family go to a restaurant. How exciting! Charlotte and her aunty are there too. They wave to each other and decide to all sit at the same table.

After dinner they wash up some of the crockery and load the dishwasher.

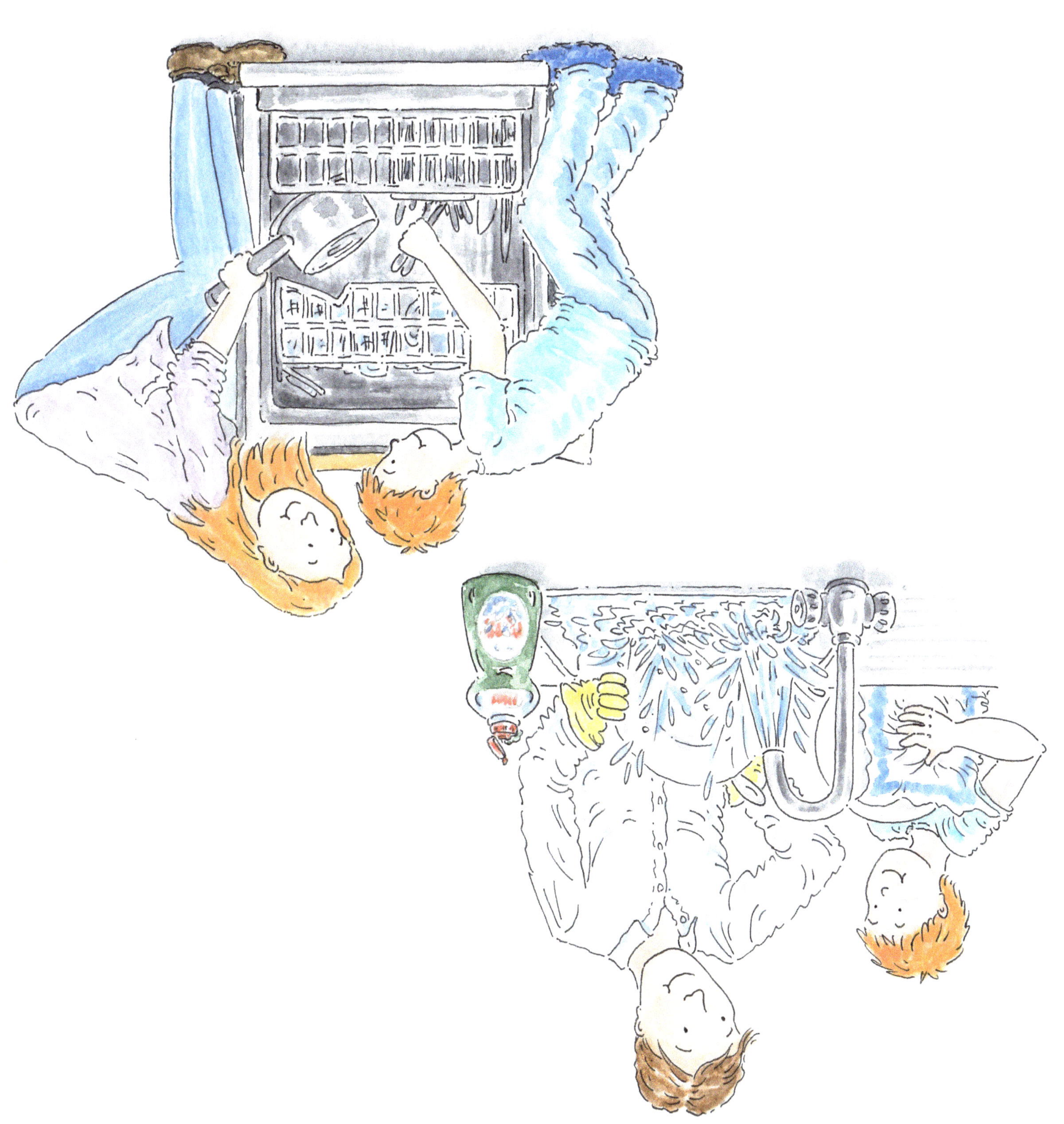

Crumbs! Hugo wonders if he will ever eat like a grown up, and his parents ask themselves the same question!

"Hugo, try to eat all of your
vegetables please" says Mummy.
Hugo is starting to feel too full.
"I can't! I'm not so hungry now!"
he says. "Don't talk with
your mouth full
please Hugo!"

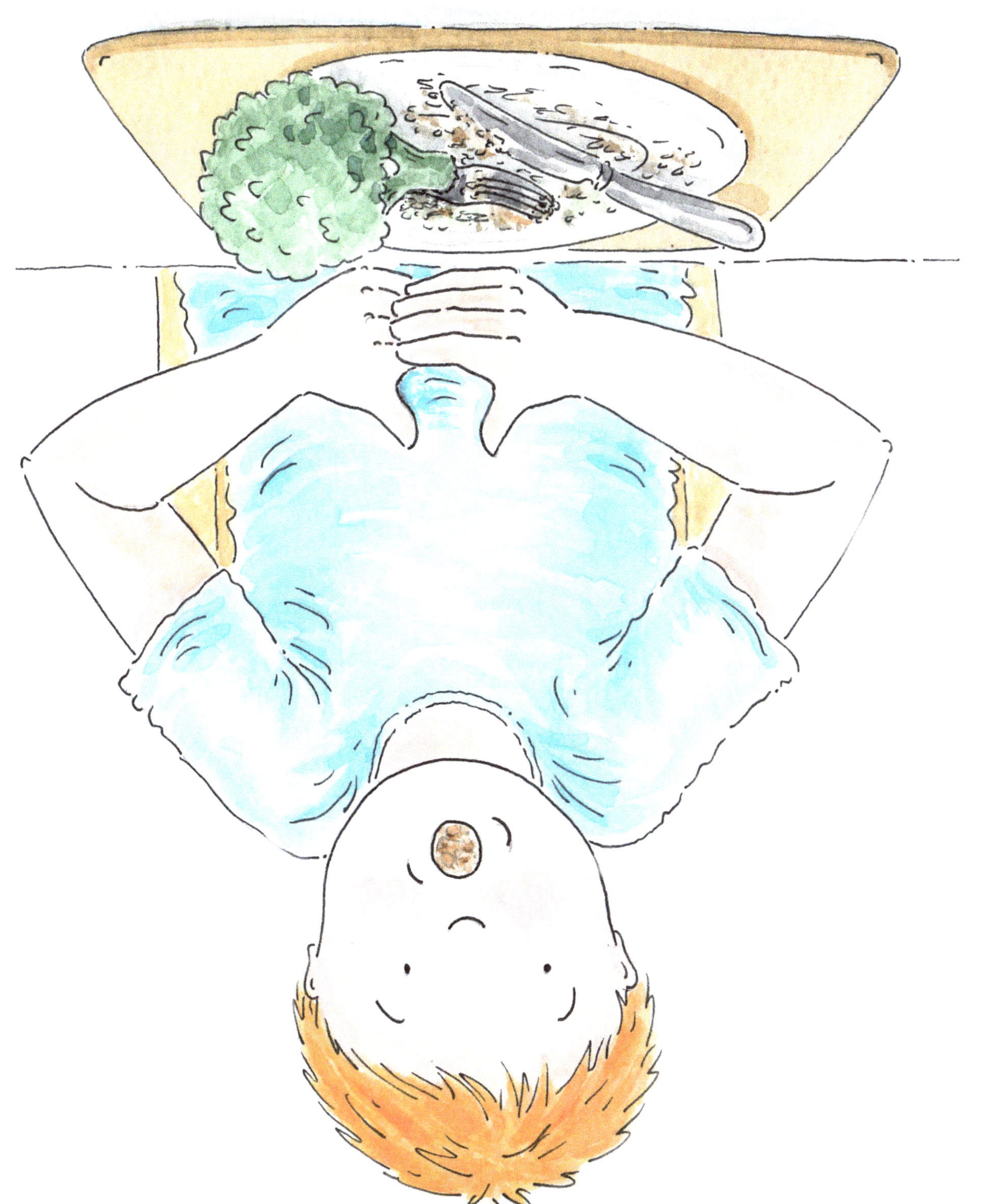

"Hugo, please take your elbows off the table" says his daddy, "and sit up straight please!" Oops! Hugo forgets everything when he's enjoying his meal.

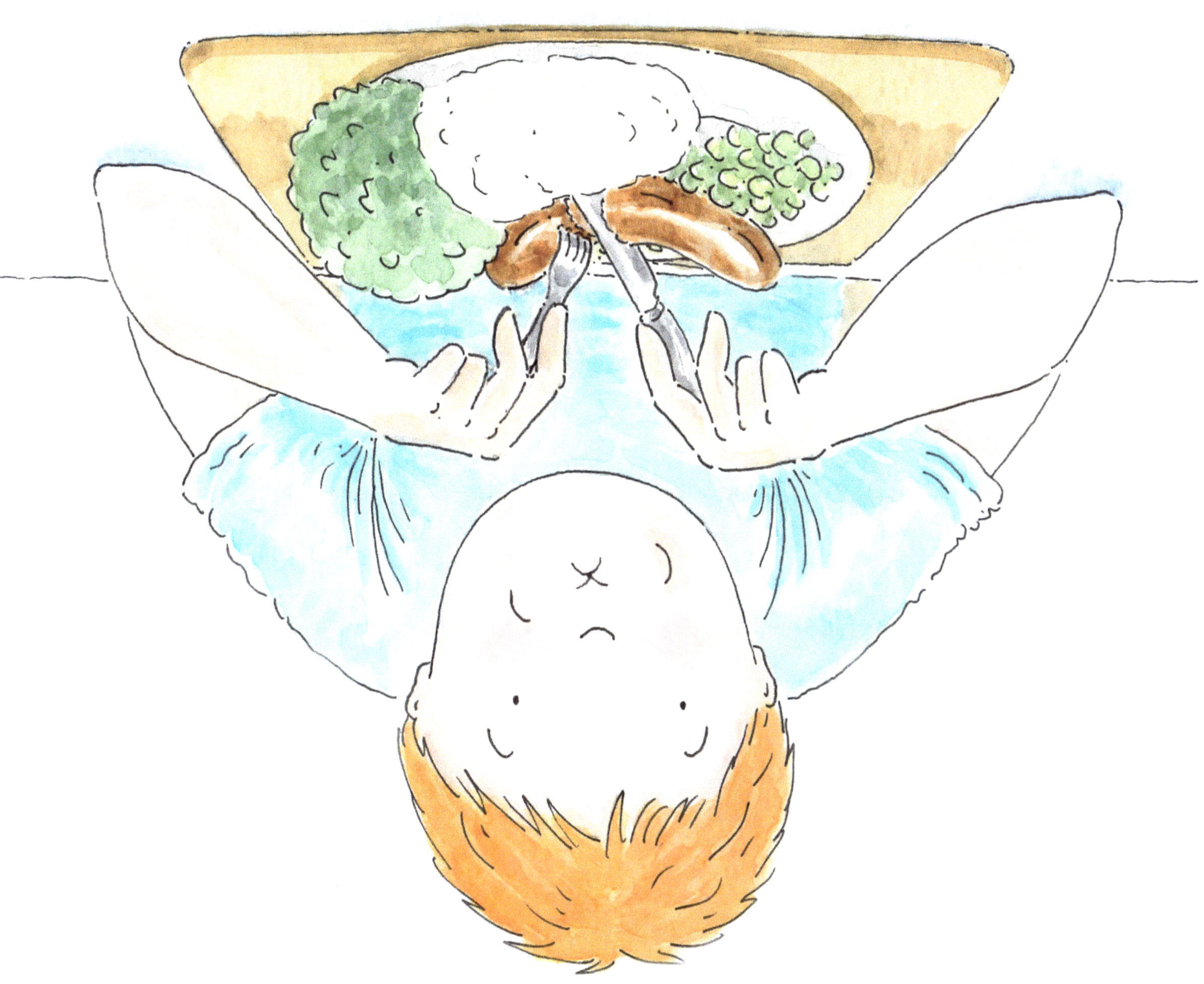

The table looks lovely. Hugo is
hungry. He sits down and waits
for his dinner to arrive. Yum!
Hugo loves sausage and mash
with peas. The family starts
to eat but there's
still lots for Hugo
to remember.

In the kitchen he finds the salt,
pepper, ketchup and mustard.
He also needs glasses for water,
one glass for each person.
The plates are piled
up on the shelf.

There's lots to remember when
setting the table for dinner. Hugo
puts mats and napkins on the table
first, one for each person. The
cutlery has to be correctly placed.
The knife is on the right
and the fork is on the left.
Hugo hopes they
are having pudding!
He puts spoons and
forks above the
table mats.

"Hugo! It's nearly time to eat"
calls Hugo's mummy. "Can you lay
the table please?"
Hugo runs down
the stairs to help
his mother.

At the Table

Mandie Davis
illustrated by Maddy May

for Mark
Suki et Zoë

Also available from Les Puces

Visit the shop on our website at www.lespuces.co.uk

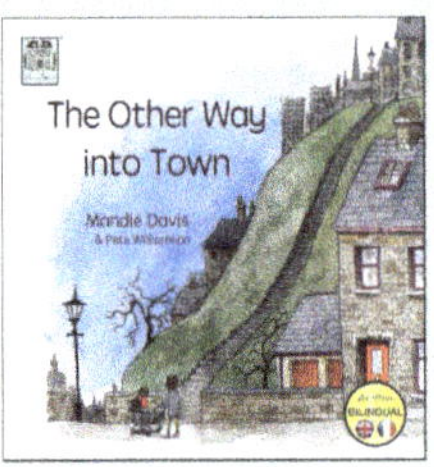

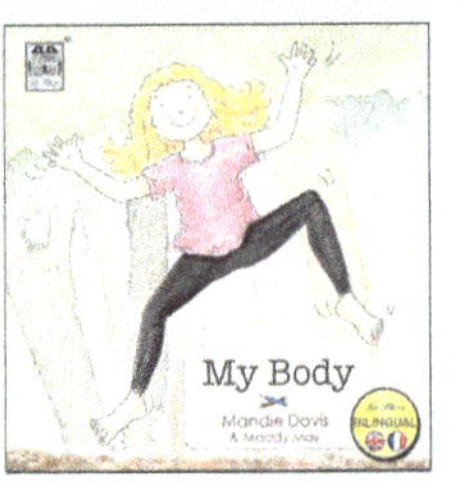

Les Puces - French for kids

Our Hybrid course
in the post and online!

A bilingual book, project, worksheets and progress card delivered by post, supported by online acess to teaching videos. Listen to the story, sing the song and download additional material.

Visit our website!
www.lespuces.co.uk

Reprinted (version 2) June 2021
First published by Les Puces Ltd in July 2016
ISBN 978-0-9954653-0-5
© July 2016 Les Puces Ltd
www.lespuces.co.uk
Original artwork © July 2016 Maddy May and Les Puces Ltd